AF198581

Dublin

lieben lernen

Der perfekte Reiseführer für einen unvergessli-chen Aufenthalt in Dublin inkl. Insider-Tipps und Packliste

Dana Wallenstein

Alle Ratschläge in diesem Buch wurden sorgfältig erwogen und geprüft. Eine Garantie kann dennoch nicht übernommen werden. Eine Haftung für jegliche Personen-, Sach- und Vermögensschäden ist daher ausgeschlossen. Die Benutzung dieses Buches und die Umsetzung der darin enthaltenen Informationen erfolgt ausdrücklich auf eigenes Risiko.

✈ INHALT

Das erwartet Sie in diesem Buch

L iebe Leser*innen,

ich freue mich sehr über Ihr Interesse, mit mir zusammen Dublin kennen und lieben zu lernen. Sie sind schon fest entschlossen, Ihren Urlaub dort verbringen zu wollen und erwarten hauptsächlich wichtige Tipps und Empfehlungen, um den für Sie perfekten Urlaub planen zu können? Oder sind Sie sich noch gar nicht so sicher, ob Dublin das richtige Ziel für Sie ist und wollen erst einmal nur hereinschnuppern und sich Informationen beschaffen? In beiden Fällen ist dieses kleine Buch das richtige Hilfswerkzeug, denn ich werde Sie auf eine kleine Reise entführen und Ihnen dabei möglichst viele Facetten dieser Stadt versuchen, nahezubringen. Eine Sache kann ich dabei schon vorwegnehmen: Dublin ist nicht nur etwas für Menschen, die gerne typische Stadtbesichtigungen machen.

Wenn Sie trotzdem unsicher sind, ob der Reiseführer das Richtige für Sie ist, können Sie kurz die folgenden Fragen mit Ja oder Nein beantworten: Entspannen Sie sich am liebsten in der schönen Natur? Wollen Sie Kultur und geschichtsträchtige Architektur erleben und Ihr Wissen erweitern? Oder wollen Sie eher mit vielen aufgeschlossenen und feierfreudigen Menschen bei kräftigem Bier und gutem Essen verweilen? Vielleicht aber auch in Clubs bis ins Morgengrauen feiern? Wenn Sie einer der Fragen zugestimmt haben, ist Dublin auf jeden Fall eine gute Wahl. Vielleicht haben Sie aber auch direkt bei mehreren Sachen zugestimmt – umso besser!

Das Besondere an Dublin ist, dass sich tatsächlich alle der genannten Möglichkeiten innerhalb einer Stadt kombinieren lassen. Die irische Hauptstadt ist frisch und aufgeweckt und doch gemütlich und traditionell und bietet viel Raum zum Entdecken und Glücklich sein. Ich habe mich schon bei meinem ersten Trip dorthin total verliebt und ich bin mir sicher – am Ende dieses Reiseführers werden Sie so eine Begeisterung und Vorfreude entwickelt haben, dass Sie am liebsten sofort losreisen würden!

Ein kurzer geschichtlicher Exkurs

Bevor wir, wie versprochen, zu den ganzen tollen Attraktionen kommen, die Dublin zu bieten hat, gibt es einen kleinen Exkurs in die Geschichte. Keine Sorge, es folgt jetzt kein langer, trockener Text gespickt mit Jahreszahlen, der einen zum Gähnen verleitet. Ein paar interessante Hintergrundinformationen sind aber wichtig, wie Sie gleich feststellen werden.

Es waren die sagenumwobenen Wikinger, die ungefähr um 841 ein Dorf namens „Dubh Linn" gründeten, was so viel wie „schwarzer Teich" oder „schwarzes Becken" bedeutet. Doch nicht nur diese fanden diesen Ort ideal für ihr Lager, sondern auch die Ir*innen und so entstanden immer wieder heftige Kämpfe um den Ort. Gegen 1171 schaffte es dann jedoch ein anglonormannisches Heer, das Dorf zu erobern und so war es schließlich einige Jahre unter englischer Führung. In diesen Jahren machte Dublin eine große Veränderung durch, es wurde ausgebaut und immer mehr Leute siedelten dorthin.

Doch wie wurde sie dann zu der irischen Hauptstadt, die sie heute ist? 1916 – also eine lange Zeit später – kam es zu dem berühmten Osteraufstand, bei dem die Ir*innen in Dublin die Unabhängigkeit von England ausriefen, aber brutal von britischen Soldaten aufgehalten wurden. Das führte zu einer noch tieferen Spaltung und die nachfolgenden Jahre zogen einige Attentate und auch einen Krieg nach sich. Dieser endete 1921 mit einem Waffenstillstand und der Bildung eines Vertrages, wodurch zunächst ein kleiner irischer Freistaat mit Dublin als Hauptstadt entstand. Durch diesen Vertrag, der nicht von allen so gut aufgenommen wurde, folgte der irische Bürgerkrieg von 1922 bis 1923, der damit endete, dass der Freistaat dem Völkerbund beitrat. Irland macht daraufhin einen großen Wandel durch und Dublin wurde mehr und mehr zu der Stadt und Metropole, die sie heute ist. 1973 wurden sie schließlich auch Mitglied der europäischen Gemeinschaft. Ich finde das wichtig im Hinterkopf zu haben, weil es gut erklärt, warum die Ir*innen so ein stolzes Volk sind. An den Jahreszahlen sieht man, dass die Geschichte noch gar nicht so alt ist und somit die Unabhängigkeit einen sehr großen Wert hat und auch immer noch eine Rolle im Bewusstsein der Nation spielt.

Neben der geschichtlichen Entwicklung gibt es aber auch noch ein paar weitere grundlegende Fakten, die interessant und aktuell sind. Die Einwohner Dublins nennen sich „Dubliners" und sprechen hauptsächlich Gälisch und Englisch, was man auch auf allen Schildern in der Stadt erkennen kann. Da Dublin in dem Teil von Irland liegt, der zur europäischen Union gehört, bezahlt man hier in Euro. Ihnen wird auch schnell bei einem Besuch auffallen, dass man sehr viele junge Leute antrifft – das ist nicht verwunderlich, da Dublin die jüngste Bevölkerung

Europas beheimatet. 50% der Menschen sind hier unter 25, insgesamt gibt es circa 1,4 Millionen Einwohner. Bemerkenswert finde ich auch, dass Dublin und Irland im Allgemeinen als sehr katholisch gelten, trotzdem waren die Ir*innen die Ersten, die für eine rechtliche Gleichstellung der Homosexuellen im Jahr 2015 sorgten. Außerdem wurde 2018 aufgrund massiven Drucks der Bürger*innen das Gesetz geändert, das bisher verboten hatte, die Möglichkeit einer Abtreibung wahrzunehmen. Gerade dadurch, dass viele junge Menschen hier leben, ist Irland und insbesondere Dublin mittlerweile sehr modern, aber mit der richtigen Prise Tradition. Es ist einfach eine Stadt, in der sich ganz verschiedene Arten von Menschen wohlfühlen, weswegen wohl die meisten die Dublin kennengelernt haben, wie auch ich, das Zitat des berühmten irischen Schriftstellers James Joyce nur bestätigen können: „When I die *Dublin* will be written in my heart."

Typisch Dublin

Nun kommen wir aber endlich zu dem wirklich interessanten Teil – der Vielzahl an Möglichkeiten, wie sich in Dublin die Zeit vertreiben lässt. Ich werde die folgenden Kapitel in Themenbereiche unterteilen, um eine bessere Übersicht zu geben und so können auch gegebenenfalls für Sie irrelevante Teile übersprungen werden. Wenn man Menschen befragen würde, was Ihnen spontan zu Dublin einfällt, würden die meisten wohl mit Bier, Pubs, grünen Kleeblättern oder Kobolden antworten. Und in der Tat: Pubs sind ein äußerst wichtiges Kulturgut der Ir*innen und eigentlich an jeder Straßenecke in Dublin zu finden, weswegen ich Sie nun als Erstes in diese Welt entführe.

PUBS

Die Ir*innen lieben die kleinen, sehr gemütlichen Lokale, sie betiteln sie gern als ihr zweites Zuhause. Es wird gequatscht, getrunken und eine gute Zeit miteinander verbracht. Aber nicht nur für die Ir*innen, sondern auch für die Besucher lohnt es sich wirklich, für ein kühles Bier oder auch etwas zu Essen einzukehren. Ich habe die Erfahrung gemacht, dass beides meist sehr lecker und wohltuend nach einem ereignisreichen Tag mit vielen Eindrücken ist. Aber natürlich gibt es auch Unterschiede in den Pubs, und je nachdem was bevorzugt wird, gibt es unterschiedliche Empfehlungen von mir.

Oftmals möchte man ja so richtig die ursprüngliche Kultur kennenlernen oder etwas besonders Altes besuchen. Dafür lohnt es sich, bei *The Brazen Head* vorbeizuschauen. Dieser Pub zeichnet sich selbst als der älteste Pub Irlands aus, der 1189 entstanden sein soll, (das Gebäude lässt sich allerdings auf das 18. Jahrhundert zurückführen), und ist somit quasi eine Kulturgrundlage. Schon von außen sieht es aus, als würde man eine alte Burg betreten, innendrin erwartet einen dann eine rustikale und urige Einrichtung mit sehr vielen Bildern an den Wänden und einer lockeren Atmosphäre. Es gibt eine relativ große Auswahl an Essen und vor allem an Getränken, die aber relativ teuer auf Grund des hohen Bekanntheitsgrades sind. Dennoch lohnt es sich auf jeden Fall, hier vorbeizuschauen, der Pub ist auf jeden Fall besonders.

Besonderer Tipp: sonntags von 15:30 Uhr bis 18:30 Uhr und unter der Woche von 21:30 Uhr bis 23:30 Uhr gibt es kostenlose Musik Sessions mit wunderbarer traditioneller Live-Musik und ausgelassener Stimmung – danach geht man auf jeden Fall mit einem Lächeln nach Hause!

Noch bekannter, aber ebenfalls sehr sehenswert, ist der Pub *The Temple Bar* in der gleichnamigen Straße Temple Bar, der mit seiner roten Fassade kaum zu übersehen ist. Auch wenn er eins der Hauptziele von Touristen ist und somit meist sehr voll und laut, überzeugt die riesige Auswahl an gutem Whisky, Bier und Essen. Außerdem gibt es auch hier tolle Live-Musik Sessions mit professionellen

Künstler*innen. Wem der Trubel dort aber zu viel ist und wer vor allem ganz abseits von Touristen sein Bier genießen möchte, wird sich im *The Grave Diggers* sehr wohl fühlen. Dieser ruhige Pub ist mein absoluter Favorit – klein aber fein, urgemütlich mit viel dunklem Holz und fernab von Tourismus und Lärm, es gibt weder einen Fernseher, noch Live-Musik. Man kann hier super gut mit Einheimischen ins Gespräch kommen und es herrscht eine Herzlichkeit und familiäre Stimmung, die sofort zum Wohlfühlen einlädt.

Wenn der Wunsch nach Essen besteht, ist direkt nebenan ein dazugehöriges Lokal, wo günstiges und trotzdem ausgezeichnetes Essen serviert wird. Die Auswahl ist zwar eher klein, aber die Sachen, die vorhanden sind, reichen vollkommen aus. Der Pub wird übrigens auch als Insidertipp für das beste Guinness gehandelt und ich kann bestätigen, dass es sehr lecker geschmeckt hat! In diesem Pub habe ich übrigens auch zum ersten Mal verstanden, warum Pubs sich wie ein zweites Zuhause anfühlen können. Eine ähnliche Empfehlung ist *The Long Hall*, eingerichtet im viktorianischen Stil und sehr gemütlich und alt. Auch hier findet man keine Fernseher oder ähnliches, sondern hat einfach in Ruhe Zeit, das Ambiente auf sich wirken zu lassen und entspannt zu genießen. Wer es lieber mal etwas außergewöhnlicher haben möchte, dem kann ich das *Pygmalion* sehr empfehlen. Im Gegensatz zu den traditionellen, urigen Pubs, ist dieser eher trendig und modern gestaltet und hat zusätzlich noch einen Club angeschlossen, in dem hauptsächlich elektronische Musik gespielt wird. Dadurch lockt er vor allem abends das jüngere Publikum an, viele kommen auch her um gute Cocktails zu trinken (meine Empfehlung ist definitiv der Zombie). Tagsüber kann man aber auch gut essen, es lohnt sich also auch, als älterer Mensch ohne Partyabsicht dorthin zu gehen.

Natürlich gibt es noch unzählige weitere sehenswerte Pubs und es lohnt sich, verschiedene auszuprobieren. Sie sind zwar alle grundsätzlich im Konzept ähnlich, aber jeder hat sein eigenes Flair und ein eigenes Publikum. Es lohnt sich deswegen auch, einfach mal in Seitengassen und versteckte Winkel zu gehen und sich dort umzuschauen, manchmal entdeckt man ganz unverhofft wahre Schätze!
• The Brazen Head: 20 Lower Brigde St, Usher's Quay, Dublin D08

- The Temple Bar: 47-48, Temple Bar, Dublin 2 D02
- The Grave Diggers: 1 Prospect Square, Glasnevin, Dublin D09
- The Long Hall: 51 South Great George's Street, Dublin 2 D02
- ygmalion: 59 William St S, Dublin

ARCHITEKTUR UND HISTORISCH BEDEUTSAME GEBÄUDE

Wenn man so allgegenwärtig davon umgeben ist, fragt man sich eventuell, ob die Ir*innen überhaupt ohne ihre geliebten Pubs und vor allem ihr geliebtes Bier leben könnten. Ich würde mal behaupten nein, denn auf jeden Fall hat Bier schon eine sehr weit zurückreichende Tradition und Geschichte in Dublin, vor allem das bekannte irische Guinness. Dessen geschichtlicher Werdegang lässt sich tatsächlich in einer Art Museum, dem *Guinness Storehouse*, kennenlernen. Ganz klischeehaft touristenmäßig war das eines der ersten Sachen, die ich bei meinem ersten Besuch in Dublin unternommen habe und ich muss sagen – ich bereue es nicht, es war sehr interessant! Über sieben Stöcke hinweg lernt man so einiges über die Brauerei, die Geschichte, die Werbung und generell alles, was mit dem berühmten Bier zusammenhängt. Ganz oben angekommen lädt dann in der Gravity Bar ein fabelhafter Ausblick über Dublin und dabei ein kostenloses Guinness gegen Vorlage des Tickets zum Genießen ein.

Kleiner Tipp am Rande: Immer den Personalausweis dabeihaben, denn es wird relativ streng kontrolliert, ob man wirklich alt genug (sprich über 18) für ein Bier ist und es wird auch keine Ausnahme gemacht, wenn der Ausweis gerade nicht parat ist. Ich spreche da aus leidiger Erfahrung (und das, obwohl noch eine andere erwachsene Person bei mir war)

Es ist außerdem möglich, in einem kurzen Kurs das richtige Bierzapfen zu lernen oder eine Brauerei-Tour zu unternehmen. Die Ticketpreise für den normalen Eintritt eines Erwachsenen betragen zwischen 19,50€ und 25€, je nach Alter und Uhrzeit der Besichtigung. Für die anderen Aktivitäten gibt es einen zusätzlichen Preis. Wer anstatt Bier doch lieber hochprozentige Spirituosen bevorzugt, wird eher mit einem Besuch in einer *Distillery* glücklich sein. Dabei sollte man sich entscheiden, ob man lieber eine sehr bekannte, aber vielleicht überlaufene, oder eine eher unbekannte, dafür ruhigere Whisky Brennerei besuchen möchte. Im ersten Fall bietet sich die *Jameson Distillery* an, die seit 1780 den berühmten irischen Jameson Whisky herstellt. Es gibt eine kleine Tour durch die Anlage, bei der man viel über den Herstellungsprozess lernt, schließlich wartet noch eine Verkostung und eine Bar am Ende der Tour. Wer aber lieber eine etwas ruhigere Tour machen möchte, dem kann ich die *Roe & Co Distillery* oder die *Dublin Liberties Distillery* empfehlen. Beide sind nicht ganz so bekannt und deswegen weniger voll und laut, haben aber auch sehr hochwertigen Whisky und das, was man über den Herstellungsprozess lernt, ähnelt sich in allen Brennereien.

Natürlich gibt es auch Kultur und Geschichte abseits von Alkohol. Nicht nur für Studenten lohnt es sich, das *Trinity College*, also die älteste Universität Irlands, zu besuchen, denn ihr Bestand ist ein wichtiger Teil der Kultur und hat unter anderem berühmte Persönlichkeiten wie Oscar Wilde hervorgebracht. Die Gebäude sind zwar nicht mehr original aus der früheren Zeit, aber trotzdem wirken sie erhaben und ein bisschen verwunschen und vor allem die große, alte Bibliothek ist so beeindruckend, dass sie kaum real erscheint. In einem Sonderraum kann man das Book of Kells bewundern, eine sehr alte handschriftliche Version von den vier Evangelien des neuen Testaments aus dem achten Jahrhundert. Generell eignet sich das Gelände der Universität gut zum Erkunden, es gibt viele schöne Winkel und Ecken, zum Beispiel den kleinsten Friedhof Dublins und die schönen Grünflächen laden zum Ausruhen ein.

Manchmal können auch ein paar Student*innen bei ihren verschiedenen Aktivitäten beobachtet werden, was durchaus interessant sein kann. Ein klassischer Besuchermagnet des Campus ist aber auch der auf dem Campus aufzufindende Campanile, ein 30 Meter hoher Glockenturm, der 1853 von Sir Charles Lanyon gebaut wurde. Bei diesem prächtigen Campus kommt schnell der Wunsch auf, hier selbst einmal Student*in sein zu wollen, zumindest erging es mir so!

Aber auch an beeindruckenden Kirchen mangelt es in Dublin nicht, was ja auch in Anbetracht der Tatsache, dass es sich um eine katholische Stadt handelt, logisch erscheint. Die *St. Patricks Cathedral* ist vermutlich eine der bekanntesten. Nach einer Legende wurden hier früher Leute von dem heiligen Patrick (ein früher christlicher Missionar, der in Irland den Status eines Heiligen hat) höchstpersönlich getauft, die eindrucksvolle Kirche wie man sie heute sieht, wurde allerdings erst später so gebaut. Es ist eine kostenlose Führung möglich, mit der sich noch mehr über die Geschichte erfahren lässt. Ansonsten ist es auch möglich, im Alleingang die ganzen Exponate und Monumente zu erkunden, die dort geboten werden. Die hohen Fenster aus buntem Glas und die verschiedenen Grabmäler sind auf jeden Fall sehenswert, allerdings kostet der Eintritt 7€, was so manche*n vielleicht von einem Besuch abhält. Also wenn man sowieso schon gewillt ist, den Eintritt zu bezahlen, bietet es sich einfach an, direkt die Führung mitzumachen.

Wie wichtig einem die Besichtigung generell ist, muss natürlich jede*r für sich selbst entscheiden, imposant ist das Gebäude aber allemal. Natürlich besteht auch die Möglichkeit einen Gottesdienst dort zu besuchen, was vielleicht auch für Fans der Orgelmusik durchaus schön sein könnte.

Das *Dublin Castle* eignet sich hervorragend, um

noch tiefer in die Geschichte einzutauchen. Es gibt einen kleinen Teil der damalig errichteten Wikingersiedlung zu besichtigen, außerdem Überreste des Schlosses und die prächtigen Staatsgemächer, die auch heute noch für besondere Anlässe oder Empfänge genutzt werden. Die Kirche und die Grundmauern können allerdings nur zusammen mit einer Führung besichtigt werden, die für einen Erwachsenen 12€ kostet. Das ist nicht gerade billig, aber Meinung nach ist die kostenlose Selbsterkundungstour nicht besonders spannend, weil der Großteil des Gebäudes, und damit vor allem die Geschichte, nicht erkundet werden darf. Wen die Geschichte innerhalb des Gebäudes eher nicht so interessiert, kann sich aber auch gut einfach draußen in der schönen Gartenanlage ausruhen und das Gebäude und vor allem den eindrucksvollen *Record Tower,* der aus vergangenen Zeiten noch erhalten geblieben ist, von außen betrachten.

Interessiert man sich besonders für die wilden Wikinger, die ja oft eine besondere Faszination auslösen, beziehungsweise generell für die Zeit, in der diese gelebt haben, wird das *Dublinia* genau das Richtige sein. Es handelt sich hierbei um ein

Besucherzentrum, das sich genau damit auseinandersetzt. Das Tolle hierbei ist, dass der / die Besucher*in interaktiv miteinbezogen wird und so ein ganz anderes Erlebnis als in sonstigen Museen möglich wird. Die Nachbildungen sind sehr aufwendig in Lebensgröße und mit Liebe zum Detail ausgearbeitet und man darf vieles sogar anfassen und ausprobieren. Ganz nebenbei gibt es jede Menge Informationen über die Lebensweise, Waffen und Reisen der Wikinger. Zusätzlich befindet sich auf der zweiten Etage noch ein Themenkomplex über das düstere Mittelalter. Es gibt einen Einblick in das ursprüngliche Dublin und lässt einen erleben, wie es sich anfühlt, in engen Gassen zwischen Erkrankten und Toten zu wandeln, da zu dieser Zeit ein großes Pest- und Lepraproblem herrschte. Schließlich erfährt man auf der obersten Etage noch etwas über Archäologie und kann einen Blick nach draußen auf das Dublin der heutigen Zeit werfen.

Auch wenn die Ausstellung natürlich auch auf Kinder ausgelegt ist, finde ich es als erwachsener Mensch mindestens genauso spannend. Es ist eine schöne Abwechslung zu den sonst eher leseintensiven und theoretischen Ausstellungen – ich kann es wirklich jedem sehr ans Herz legen!

- The Guinness Storehouse: St. Jame's Gate, Dublin 8
- Jameson Distillery: The Old Jameson Distillery Bow Street Smithfield Village, Dublin D07
- Roe & Co Distillery: 92 James's Street, The Liberties, Dublin 8
- Dublin Liberties Distillery: 33 Mill St, The Liberties, Dublin D08
- Trinity College: College Green, Dublin 2
- St. Patricks Cathedral: St. Patrick's Colse, Wood Quay, Dublin 8
- Dublin Castle: Dame St. Dublin 2
- Dublinia: St Michaels Hill Christ Church, Dublin 8

FÜR DIE NATURLIEBHABER*INNEN UNTER UNS

Hat man schon einiges über Dublin gelernt und braucht eine Pause für den Kopf, oder möchte sich einfach so entspannen, bietet sich ein Ausflug in die wunderschöne Natur Dublins an.

Auch wenn Dublin an sich eine relativ große Stadt ist, gibt es doch einige sehr schöne Flecken dort, die zum Durchatmen einladen. Ein vielbesuchter

Klassiker ist definitiv der *Phoenix Park*, der ganze 707 Hektar groß ist und damit als größter Park Europas gilt. Eine besondere Attraktion sind die Damhirsche, die dort leben – die älteren Tiere darf man sogar manchmal aus nächster Nähe betrachten, was für mich als Tierliebhaber ein absolutes Highlight war.

Generell ist der Park sehr gepflegt und vor allem weitläufig, es lohnt sich also auf jeden Fall, dem Fahrradverleih am Eingang einen Besuch abzustatten. 5€ kostet der Verleih für ein Rad, was das Zurücklegen der weiten Wege um einiges leichter und schneller macht. Außerdem kann ich sehr empfehlen, etwas zum Picknicken und zum Lesen mitzunehmen, die saftigen, grünen Wiesen laden zum Verweilen ein. Möchte man noch ein bisschen mehr Aktion haben, kann man sich das Haus des irischen Präsidenten anschauen, das mitten im Park liegt. Oder man stattet dem relativ großen Zoo einen Besuch ab, der an den Park anschließt.

Weitere super Naturtipps, welche sogar kostenlos sind, sind die botanischen Gärten und Gewächshäuser Dublins. Sie sind sehr ästhetisch angelegt, es gibt viele verschiedene farbenfrohe Arten von

Pflanzen zu bewundern, die nach Thematik, beziehungsweise Gattungen, unterteilt sind. So gibt es zum Beispiel ein Palmengewächshaus, in dem ganz unterschiedliche beeindruckende Palmenarten zur Schau gestellt werden. Auch wenn die im viktorianischen Stil gehaltenen Gewächshäuser wirklich eindrucksvoll sind, war mein Highlight doch die Anlage draußen – allein schon, weil man dort die Möglichkeit hat, zutrauliche Eichhörnchen mit Nüssen zu füttern und Singvögel zu beobachten und zu hören. Wenn ich an die kleinen rötlichen Eichhörnchen mit ihrem wahnsinnig süßen Gesicht zurückdenke, die ganz zutraulich mit ihren kleinen Pfoten die Nüsse aus der Hand nehmen, geht mein Herz immer noch auf. Es ist wirklich unbeschreiblich süß.

Auch war die ganze Flora und Fauna für meine Kreativität sehr anregend, ich habe mich tatsächlich nach langer Pause mal wieder ans Zeichnen gesetzt. Die ganzen prächtigen Blumen und die angenehme Ruhe, die dort herrschte, haben einfach gut getan hat und sind somit auch für künstlerisch angehauchte Menschen sehr zu empfehlen. Der botanische Garten liegt etwas weiter außerhalb, ist aber mit dem Bus innerhalb von 25 Minuten gut zu erreichen, zum

Beispiel mit den Buslinien 83 und 83a. Ein großer Pluspunkt ist definitiv auch, dass der Eintritt kostenlos ist und man sogar den Besuch noch mit einer weiteren Attraktion verbinden kann, dem Glasnevin Cemetery. Gegen einen Aufpreis ist natürlich auch eine Tour im botanischen Garten verfügbar, was sich lohnt, wenn man zum Beispiel Interesse daran hat, ein nachgestelltes Wikingerhaus zu betreten und etwas über die Lebensweise derer zu erfahren.

Der eben erwähnte anschließende *Glasnevin Cemetery* ist ein Friedhof, genauer gesagt sogar der größte Friedhof Irlands. Vermutlich hatten Sie nicht unbedingt einen Friedhofsbesuch in Ihren Urlaub eingeplant, aber tatsächlich ist dieser sehr eindrucksvoll und sehenswert. Es liegen hier circa 1,6 Millionen Menschen begraben, unter anderem zum Beispiel Daniel O'Connell, ein wichtiger irischer Politiker, der sich friedvoll für die Unabhängigkeit der Bevölkerung einsetzte. Die Grabsteine sind richtige Kunstwerke, sie erheben sich imposant vor dem Betrachter und sind detailreich ausgearbeitet, oft in Form von irischen Symbolen wie etwa dem keltischen Kreuz. Zusätzlich gibt es auch ein Museum und eine buchbare Tour, diese kosten allerdings etwas.

Vielleicht gehören Sie aber auch zu der Sorte Mensch, die erst so ein richtiges Urlaubsfeeling bekommt, wenn auch mindestens ein Strandbesuch dabei ist. Die gute Nachricht ist: Selbst das müssen Sie in Dublin nicht missen! Der *Sandymount Strand* bietet die perfekte Möglichkeit für einen ausgedehnten Strandspaziergang, denn wenn Ebbe herrscht, liegt ein riesiges Watt vor einem, das erkundet werden kann. Aber aufpassen – die Flut breitet sich sehr schnell aus und nimmt fast das ganze Sandgebiet ein. Es ist schon öfter passiert, dass Leute zu langsam waren, (auch ich muss dies an dieser Stelle zugeben), und nassgeworden sind. Dieser Strand ist also eher kein typischer Strand zum in die Sonne legen und rumplantschen, aber um bei einem langen Spaziergang Kraft und Ruhe zu schöpfen, ist er ideal. Ein besonderer Tipp von mir: Früh aufstehen und den Sonnenaufgang am Strand beobachten, ein wahrlich wunderschöner Moment, der sich nicht in Worte fassen lässt.

Aber auch für die Leute, die einen Strand zum Liegen und Schwimmen vermissen, gibt es eine gute Lösung. *Bull Island* ist eine kleine Insel, die an Dublin anschließt und bei der man vor allem im Sommer wunderbar am Strand relaxen kann. Natürlich ist das Wasser meistens recht kalt, aber wer sich traut, kann dort gut schwimmen gehen. Es ist auch nicht besonders überlaufen, da hauptsächlich Einheimische Zeit dort verbringen, häufig mit ihren Hunden. Hier kann man einen wunderschönen, entspannten Tag verbringen, einige Vogelarten beobachten, bei Ebbe lange Spaziergänge durchs Watt unternehmen oder eben schwimmen gehen und in der Sonne liegen. Ich persönlich nehme mir gerne ein gutes Buch mit und lese am Strand, weil ich das Geräusch der Wellen im Hintergrund als sehr entspannend empfinde. Und gerade in Dublin lohnt es sich natürlich auch, sich mit Literatur zu befassen.

Ebenfalls schön zum Spazieren ist *Iveagh Gardens*, ein eher kleiner Park, der aber einige schöne Facetten zu bieten hat. So findet man einen Wasserfall, einen Irr- und Rosengarten und Kunstwerke aus Stein vor, zum Beispiel einen Brunnen und Statuen. Reicht der kleine Spaziergang nicht und soll noch etwas ausgedehnt werden, kann man auch von dort aus direkt weiter zum *St. Stephens Green* gehen, einem großen rechteckigen Park, in dem vor allem im Sommer oft Konzerte oder Theaterstücke an der frischen Luft stattfinden.

Eines der schönsten Ziele im Naturbereich ist auf jeden Fall *Howth*, beziehungsweise *Howth Head*. *Howth* gehört zwar nicht direkt zu Dublin, ist aber relativ schnell mit Bus oder Bahn zu erreichen (circa 30 Minuten) und so wunderschön, dass ich es einfach empfehlen muss. *Howth Head* im Allgemeinen ist eine kleine Halbinsel mit einem Fischerdorf namens *Howth* und bietet sowohl atemberaubende Natur, als auch einen süßen Ort zum Bummeln. Der *Howth Cliff Walk* führt um die östliche Hälfte der Halbinsel und beeindruckt mit wildem, steinigen Heideland, satten Farben rundherum und imposanten Klippen. Wenn man bis auf den *Ben of Howth*, also den höchsten Punkt in 171 Metern Höhe wandert, kann man einen wunderschönen Ausblick auf die Innenstadt von Dublin, auf die See und sogar manchmal auf weitere Teile Irlands erhaschen. Die Stadt selbst bietet entsprechend einem Fischerdorf alles, was Fisch anbelangt. Es gibt jede Menge Fischrestaurants, man kann Fischern im Hafen bei ihrer Arbeit zugucken und es gibt viele Schiffe zu betrachten. Außerdem kann man per Boot zu der kleinen, unbewohnten Insel *Ireland's Eye* fahren, auf der es einige wilde Vogelarten zu sehen gibt. Ein ganz besonderes Highlight (neben dem wahnsinnig tollen Ausblick), sind auf jeden Fall die Seelöwen und sogar manchmal Delfine, die man im Wasser rund um die Insel sichten kann. Es ist toll, die freilebenden Tiere zu beobachten und hat für mich den Besuch unvergesslich gemacht.

- Phoenix Park: Parkgate St., Conyngham Road, Dublin 8
- National Botanic Gardens: Glasnevin, Dublin9, IrelandD09
- Sandymouth Strand: Strand Road Sandymount, Dublin 4
- Bull Island: North Bull Wall Raheny and Clotarf, Dublin
- Iveagh Garden's: Arden Clonmell St, Dublin 2
- Howth: Howth

FÜR DEN GAUMEN

Wie jeder weiß, machen Erkundungen hungrig. Und egal, ob man wie ich von Hunger echt schlechte Laune bekommt, oder einfach nur Kraft für weitere Erkundungen braucht – ein gutes Restaurant ist so oder so sehr wichtig. Für mich gehört Essen gehen aber auch einfach zu den schönsten Dingen im Urlaub. Schon zuhause bin ich jemand, der Essen regelrecht zelebriert, aber im Urlaub ist es natürlich noch besonderer. Leider gehört aber dieser Aspekt zu den teuersten Dingen bei einem Dublin Besuch, zumindest gibt es aber dafür dann aber auch wirklich leckeres Essen. Bei der Fülle an tollen Restaurants fällt es mir wirklich schwer, die Besten rauszusuchen, deswegen sind es auch ein paar Tipps mehr als bei den anderen Kategorien geworden. Aber da jede*r essen muss, dürfte dieses Kapitel auch für jede*n interessant sein.

Meist möchte man ja ein typisches Nationalgericht des Landes probieren. Ein typisch irisches Gericht ist auf jeden Fall *Irish Stew*, ein Eintopf aus (Lamm-)Fleisch, Kartoffeln, Zwiebeln und je nachdem noch Gemüse. Dieses ist in den meisten Pubs und auch in den meisten Restaurants erhältlich.

Besonders empfehlen würde ich aber das *Bakehouse*, welches schon von außen mit dem Schriftzug *„Food from the heart of Dublin"* wirbt und tatsächlich hält, was es verspricht. Sobald man den Laden betritt, riecht es köstlich nach frisch gebackenem Brot und Kuchen. Nachmittags kann man hier richtig traditionell irisch essen, zum Beispiel eben *Irish Stew* oder auch *Coddle*. Doch besonders zum Frühstücken kommen sehr viele Leute hierhin, denn egal ob man herzhaft irisch mit Omelette und Würstchen, oder doch lieber süß mit sehr fluffigen Pancakes, Obst und am besten einer heißen Schokolade frühstücken möchte: Es ist in beiden Fällen köstlich und sehr sättigend. Dadurch habe ich allerdings, sehr zu meinem Bedauern, auch noch nicht so viele dort angebotene Kuchensorten ausprobieren können, obwohl alle echt gut aussehen und vermutlich genauso lecker sind, wie das Frühstück.

Ganz traditionell ist natürlich auch irischer Käse. Wenn Sie zu der Sorte Mensch gehören, die Käse über alles liebt, habe ich deswegen den perfekten Laden für Sie. Statten Sie doch dem *Sheridan's Cheesemongers* einen Besuch ab. Es gibt diesen an mehreren Standorten in Dublin, die Chancen sind also gut, dass er praktischerweise auf dem Weg zu einer anderen Sehenswürdigkeit liegt. Hier steht eine riesige Auswahl an nationalen und auch internationalen Käsesorten für jegliche Geschmäcker zur Verfügung. Überall sieht man gelbe Laibe und schön angerichtete Stücke, es ist quasi wie ein Käsehimmel. Und falls Sie bei dieser Auswahl zu Recht etwas überfordert sind, stehen sehr nette und kompetente Mitarbeiter*innen bereit, die einem schnell zu dem perfekten Käse verhelfen. Die Preise sind zudem wirklich angemessen, weswegen es sich lohnt, etwas von dort mitzunehmen. Über dem Shop befindet sich noch eine dazugehörige Wein und Käse Bar, die einen Besuch wert ist. Man bekommt hier sehr feinen, hochwertigen Wein aus einer ebenfalls großen Auswahl und natürlich den Käse aus dem Laden.

Ein weiteres Merkmal Dublins ist die enge Verknüpfung mit der Literatur. Bei dem folgenden Restaurant Tipp ist Literatur sogar mit hervorragendem Essen verbunden. Bevor man nämlich das Restaurant *The Winding Stair* betritt, kann man dem im Erdgeschoss liegenden Buchladen einen Besuch abstatten. Als Buchliebhaberist das auf jeden Fall zu empfehlen, er ist zwar relativ klein, aber sehr gemütlich eingerichtet und hat eine interessante Auswahl zu bieten. Nach dem Stöbern kann man sich dann für eine leckere Mahlzeit die Treppen hoch ins Restaurant begeben, wo es eine Auswahl von Meeresfrüchten und Fleisch, bis hin zu sehr leckeren vegetarischen/veganen Gerichten gibt. Preislich kostet das zwar schon etwas mehr, aber dafür hat das Essen wirklich eine gute Qualität und die Bedienungen sind super freundlich und auch sehr hilfsbereit, wenn die Entscheidung schwerfällt (was mir manchmal bei der Fülle an Auswahl passiert). Wenn man nicht gerade spontan an dem Laden vorbeikommt und sein Glück versucht, ist eine Reservierung sinnvoll, es kann mitunter sehr voll sein.

Eine ganz andere Art von Restaurantbesuch bietet *The Greenhouse* – es ist nicht ohne Grund mit zwei Michelin Sternen ausgezeichnet. Das Essen ist etwas ganz Besonderes, wunderschön und edel angerichtet und wird von den Köchen mit einer dazugehörigen Geschichte serviert. Die 3- bis 6-Gänge Menüs verwöhnen die Geschmacksknospen auf ganz verschiedene Art. Natürlich ist es nötig, hierfür etwas tiefer in die Tasche greifen, vor allem der Wein ist recht hochpreisig. So zahlt man beispielsweise für

ein 4-Gänge Menü 129€. Aber für einen außerge-
wöhnlichen Abend ist es trotzdem zu empfehlen, vor
allem weil es trotz des hohen Standards überhaupt
nicht abgehoben ist.

Ein weiteres Café, was ich wärmstens empfehlen kann, ist das *Tang Café*. Es bietet ebenfalls Kuchen und Frühstück, sowie Lunch an, allerdings in
gesünderer Variante. Die Kreationen sind teilweise
ein bisschen ausgefallen, aber super lecker und auch
die Atmosphäre ist entspannt und herzlich. Es gibt
auch einige vegane Optionen, also für jede*n ist etwas dabei. Einziges Manko sind die wenigen Sitz-
plätze, es kann also schon mal vorkommen, dass kein
Platz mehr frei ist. Mein letzter Tipp für ein gutes
Restaurant, ist das *One Society*. Frühstück, Brunch
und Lunch werden hier bis 15 Uhr serviert, danach
gibt es hauptsächlich Pizza. Eigentlich hätte ich den
Pub *The Bernard Shaw* mit dem *The Big Blue Bus*
empfohlen, der die absolut beste Pizza hatte, die
meiner Meinung nach in Dublin zu finden war. Sehr
zu meinem Bedauern hat dieser aber Ende 2019 ge-
schlossen, deswegen empfehle ich für ausgezeich-
nete Pizza nun das *One Society*. Es gibt eine große
Auswahl, von den typischen Belägen über vegane

Pizza bis hin zu etwas exklusiveren Zusammenstellungen. Für einen leckeren Pizza-Abend würde ich das Restaurant also wirklich ans Herz legen. Außerdem herrscht auch hier, wie auch in den anderen genannten Restaurants, eine große Herzlichkeit und ein nettes Ambiente. Die Preise sind für Dubliner Verhältnisse sogar eher preiswert. Als letztes gebe ich nun noch einen etwas außergewöhnlicheren Tipp: Der *Eatyard*. Hierbei handelt es sich um einen kleinen Markt mit Essensständen, an denen man hippes Streetfood wie Burger und Tacos, auch in vegan, erhalten kann. Es kann manchmal ziemlich voll dort sein, weil es eben nur ein sehr kleiner Markt ist, aber das Essen ist sehr lecker und angesagt und mal ein anderes Erlebnis als ein Restaurant. Ab und zu gibt es auch besondere Tage dort, zum Beispiel Wein- und Käse-Tage.

- The Bakehouse: 6 Bachelors Walk, Dublin
- Sheridan's Cheesemongers: z.B. 11 South Anne Street, Dublin 2
- The Winding Stair: 40 Ormond Quay Lower, North City, Dublin 1
- The Greenhouse: Dawson St., Dublin 2

- Tang Cafe: 23c Dawson Street, Dublin 2
- One Society: 1 Lower Gardiner St. Dublin 1.
- Eatyard: The Bernard shaw, Drumcondra

DIE IRISCHEN EIGENARTEN

Jetzt haben Sie schon einiges über den Besuch dort erfahren, aber etwas ganz Wichtiges fehlt natürlich: Die irischen Einwohner und ihre Eigenarten. Ich weiß nicht, ob sie das Video schon einmal gesehen haben, aber es gibt eins, in dem Michael Higgins, der Präsident von Irland, während einer feierlichen Sitzung einen Hund, der angelaufen kommt, kuschelt und dabei strahlt. Sehr sympathisch auf jeden Fall.

Diese sympathische und herzliche Art werden Sie fast überall in Dublin erleben können, denn die Ir*innen sind wahrlich ein lustiges und extrem nettes Völkchen. Es ist bemerkenswert, wie gastfreundlich und offen sie sind, ein *„How are you doing?"* mit einem Lächeln ist eine typische Umgangsform, die man fast überall antrifft, selbst mitten auf der Straße. Im ersten Moment ist das vielleicht ein bisschen verwirrend und ungewohnt, aber man lernt schnell, dass es in Dublin generell ganz anders zugeht als hier bei uns in Deutschland. Es ist ziemlich einfach, neue Leute kennenzulernen, man muss sich eigentlich einfach nur in einen Pub setzen und dann geht das wie von selbst (vor allem, da fast immer Alkohol im Spiel ist). Die Ir*innen sind nun mal ein sehr trinkfreudiges Volk, sei es Bier oder Whisky.

Aber keine Sorge, auch ohne Alkohol ist es nicht schwierig, Anschluss zu finden. Allerdings gibt es ein paar Kleinigkeiten im Umgang zu beachten, die vermutlich hilfreich sind zu wissen. Erstens: Ir*innen fluchen sehr viel. Gefühlt in jedem zweiten Satz. Das ist aber keineswegs böse gemeint, sondern gehört sozusagen zu ihrem normalen Sprachgebrauch dazu. Zweitens lieben sie es, Witze zu machen, auch gerne auf die Kosten von anderen. Nehmen Sie es ihnen also nicht übel, wenn auch mal über Sie ein Scherzchen gemacht wird. Besonders am Anfang weiß man manchmal gar nicht, was ernst und was nicht ernst gemeint ist, doch in den meisten Fällen sind die Aussagen eher humorvoll gemeint. Sie lieben einfach den „*Craic*" (= Spaß), welchen ich später auch nochmal aufgreifen werde und sind oft eher der Ansicht, man solle das Leben nicht ganz so schwer nehmen, was doch schon in einem Kontrast zu den meisten

Deutschen steht. Das heißt aber nicht, dass Ir*innen nicht auch gerne über etwas Ernsthaftes reden. Sie freuen sich sogar sehr, wenn sie mit Ihnen über politische Themen diskutieren können, denn als Land mit einem komplexen politischen Hintergrund teilen sie gerne ihre Gedanken, zum Beispiel auch in Bezug auf Nordirland, was ja zu Großbritannien gehört und somit vom Brexit betroffen ist.

Die Ir*innen selbst tragen zwar nicht immer eine, aber was als Tourist wirklich empfehlenswert ist, ist eine Regenjacke mitzunehmen und auch möglichst wasserfeste Schuhe zu tragen. Wenn man wie ich Münsteraner*in ist oder in einer anderen regenreichen Stadt wohnt, ist einem das vermutlich eh nicht allzu fremd, aber in Dublin und Irland generell kann das Wetter sehr schnell von total sonnig zu Regenschauern wechseln und die Regenschauer können echt heftig ausfallen. Das geht dann aber auch meistens schnell wieder vorbei und ein großer Vorteil ist, dass es nie so richtig kalt wird, selbst wenn es Winter ist. Das macht den Regen auch definitiv erträglicher. Es kann auch hin und wieder dazu kommen, dass sehr starker Wind herrscht, vor allem in der Nähe des Meeres. In so einer Situation ist ein

Foto von mir entstanden, wo meine relativ langen Haare waagerecht von mir abstehen, weil es so windig war. Also falls Sie das auch selbst mitbekommen – ich kann ein Foto sehr empfehlen, es ist auch nach Jahren immer noch lustig anzusehen! Aber zurück zu den Dubliner*innen. Sie freuen sich auch, wenn man versucht, ein paar Wörter in ihrer ursprünglichen Sprache zu lernen, aber bitte versuchen Sie nicht, zwanghaft den irischen Akzent nachzumachen. Das kommt nicht gut an.

Es gibt sogar auch innerhalb Dublins eine Spaltung der Einwohner in die sogenannten North- und Southsider, getrennt durch den Fluss Liffey. Klischeehaft gelten die Southsider als arrogante, verwöhnte Snobs, die Northsider eher als asozial und kriminell und sie können sich gegenseitig nicht ausstehen. Als Besucher ist das aber kaum zu spüren, denn beide Seiten sind sehr gastfreundlich und offen. Es kann allerdings gut sein, dass Sie in einem Gespräch mit einem Einheimischen mal einen Witz in Form von „What seperates the humans from the animals? The Liffey", oder „What do Southsiders use for protection? Their personalities" erzählt bekommen, je nachdem auf welcher Seite Sie sich gerade befinden. Dann wissen Sie direkt, um welchen Hintergrund es geht. Grundsätzlich bleibt aber zu sagen: Die Ir*innen sind auch nur Menschen und wie in jedem anderen Land besteht auch in Dublin die Chance, einem unfreundlichen Menschen zu begegnen. Aber ich behaupte, die Chance ist zumindest um einiges geringer als in Deutschland. Da Dublin ja sehr eng mit Literatur in Verbindung steht, empfiehlt es sich unbedingt, ein Buch von einem irischen Autor dort zu kaufen. Vielleicht einen Klassiker wie Oscar Wilde, oder aber auch etwas Lustiges von Samuel Beckett, oder vielleicht doch lieber ein düsteres Werk, z.B. von Anne Enright. Für jedes Genre ist etwas dabei und in einer Literatenstadt fast schon ein Muss, wenn man sich für Bücher interessiert. Außerdem sind die Buchläden auch einfach urgemütlich, ich könnte Stunden dort verbringen.

FEIERKULTUR UND FESTTAGE

Da Sie nun schon ein wenig die Eigenschaften der Ir*innen kennengelernt haben, gehe ich auf eine wichtige noch gesondert ein, nämlich auf die Art des Feierns. Dass die Ir*innen ein feierfreudiges Volk

sind, ist mittlerweile wohl ziemlich deutlich geworden. Es ist eigentlich immer etwas los, wenn man
abends auf die Straßen und in die Pubs geht und
Freunde der traditionell irischen Live-Musik kommen ganz besonders auf ihre Kosten. Denn auch
wenn Dublin einige moderne Züge hat, ist es immer
noch ein fester Bestandteil des alltäglichen Lebens
dort, traditionelle Musik zu machen und das schafft
eine ganz besondere Atmosphäre. Nun kommt es natürlich auch ein bisschen darauf an, ob einem der
Klang der irischen Instrumente an sich gefällt. Ich
kann es wirklich nur empfehlen. Allerdings ist zu beachten, dass die meisten Pubs ab 1 Uhr nachts Sperr-
stunde haben, es sei denn, sie haben eine Extra-Li-
zenz, die eine Öffnungszeit bis 3 Uhr morgens er-
möglicht, was meistens aber doch eher auf Clubs zu-
trifft. Wenn man also richtig feiern gehen möchte, ist
zu beachten, dass die meisten Clubs auf das Erschei-
nungsbild der Gäste achten, ordentliche Kleidung ist
also Pflicht.

Eine weitere unausgesprochene Regel betrifft
die Großzügigkeit und ist wiederrum vor allem in
Pubs gültig. Es ist üblich, dass jemand aus dem Lokal
eine Runde für alle ausgibt und es kommt nicht gut,

wenn man sich nicht auch irgendwann im Laufe des Abends revanchiert. Es gehört einfach zu der guten Gemeinschaft dazu und so werden auch alle miteinbezogen. Dann steht auch nichts dem „*craic*" entgegen – ein Wort der Ir*innen, was für ausgelassenen Spaß steht.

Wer es so richtig traditionell haben möchte, sollte nach einem sogenannten *Sean Nós Abend* Ausschau halten. Hier werden irische Legenden musikalisch vorgetragen und man darf feinsten gälischen Gesängen lauschen. Auch im Bereich Festivals hat Dublin eine schöne Variation zu bieten. Von Musik, über Film, Literatur, Tanz und sogar Wissenschaft, ist alles dabei. Da ich natürlich nicht über alle berichten kann, habe ich vier Stück herausgesucht, die ich besonders und deswegen erwähnenswert finde. Zunächst einmal das *Bloomsday Festival*. Am 04. Juni ist man hier eingeladen, in die Welt von James Joyce, beziehungsweise von seinem Werk *Ulysses*, einzutauchen. Die Menschen verkleiden sich passend und gehen auf die Straßen, es gibt interessante Vorträge und natürlich wird auch viel gefeiert. Das Festival geht sechs Tage lang und versetzt einen wirklich ein bisschen in andere Zeiten zurück. Möchte man hingegen etwas allgemeiner die irische (und auch internationale) Literatur kennenlernen, lohnt es sich, auf das *International Literature Festival Dublin* zu gehen. Hier ist weniger Partylaune, aber dafür finden viele Lesungen, Diskussionen und Workshops statt und man kann sich jede Menge Informationen rund um die Literatur aneignen. 2020 findet es vom 15. bis zum 24. Mai statt, aber man sollte sich natürlich jedes Jahr neu informieren, wann genau es angesetzt ist.

Auch erwähnenswert und originell finde ich das *Bram Stoker Festival*, das jedes Jahr ab dem 12. Oktober stattfindet. Hier ist wieder die Feierlaune angesagt, denn über drei Tage hinweg gibt es Partys, Vorträge, Theaterstücke und noch viel mehr, alles rund um den Schöpfer von *Dracula*, Bram Stoker. Dieser stammte nämlich aus Dublin und wird so jedes Jahr auf diese spezielle Art geehrt. Es ist ein außerordentlich künstlerisches Festival, sehr aufwendig und schön gestaltet und es gibt sowohl Programm für Familien, als auch für richtige Horrorfans. Und nun als letztes, aber wohl wichtigstes Festival überhaupt: Das *St. Patricks Festival* vom 13. bis zum 17. März. Hier herrscht Ausnahmezustand –

die irische Hauptstadt verwandelt sich in ein Meer aus grünen, feiernden Menschen. *Leprechaun*, also irische Kobolde, strahlende Gesichter und natürlich Guinness und Irlandfahnen wo man nur hinblickt.

Besonderes Highlight ist dann die große, sehr bekannte Parade am *St. Patricks Day*, also dem 17. März, der als Gedenktag für den heiligen Patrick gilt. Dass sich alle Grün kleiden, erscheint fast schon logisch, da Irland mit seinen grünen Wiesen und dem Kleeblatt schnell damit assoziiert wird. Tatsächlich bezieht sich die Farbe aber auch auf den heiligen Patrick, da er angeblich mit dem grünen Kleeblatt die Dreifaltigkeit des Herrn erklärt haben soll. Die Parade, die am Parnell Square startet, zieht sich über zwei bis drei Stunden und bietet eine Vielzahl an ausgefallenen Kostümen, Musik und Unterhaltung. Man sollte sich aber möglichst früh schon einen Platz sichern, es wird extrem voll an diesem Tag. Eine weitere Möglichkeit ist es, sich einen höher gelegenen Platz im Vorhinein zu kaufen, allerdings sind diese auch schnell ausverkauft. Nach der Parade geht die Party dann natürlich noch weiter und an diesem Tag sind auch die Pubs um einiges voller als sonst. Aber es lohnt sich absolut – es ist ein wahnsinnig tolles

Spektakel und man kann sich eigentlich nur von der guten Laune der Ir*innen anstecken lassen und mitfeiern. Für alle Menschen, die eine Bucket List führen, ist das definitiv etwas, was man darauf stehen haben sollte.

ANREISEMÖGLICHKEITEN UND ANBINDUNG INNERHALB DUBLINS

Wie kommt man aber denn jetzt am schnellsten und besten an diesen wundervollen Ort? Nun es gibt verschiedene Möglichkeiten. Die schnellste und wahrscheinlich einfachste ist wahrscheinlich der Flug, Flüge sind auch je nach Angebot nicht so teuer. Grob muss man mit circa 300€ pro Flug rechnen. Eine weitere Möglichkeit, vor allem wenn einem die Unabhängigkeit wichtig ist, ist mit dem Auto, Motorrad oder Wohnmobil selbst anzureisen. Hier bringt einen die Fähre dann auf die Insel rüber. Natürlich besteht auch noch die Möglichkeit, per Bahn anzureisen. Das kann aber je nachdem ziemlich teuer werden und ist mit viel Gepäck manchmal etwas nervenaufreibend. In Dublin selbst lohnt es sich, mit dem öffentlichen Nahverkehr zu reisen, da die Straßen meistens sehr voll sind und man mit dem Auto nur zäh vorankommt (natürlich je nach Zeit), vor allem aber, weil der Nahverkehr relativ günstig ist. Vom Flughafen aus kann man entweder mit zwei Express-Bussen fahren, die ungefähr alle 10 Minuten kommen und circa 40 Minuten in die Innenstadt brauchen. Oder man greift auf die Buslinie 16 zurück, die zwar etwas langsamer ist, dafür aber auch 3€ billiger und in der eventuell schon ein Kontakt zu einem Einheimischen möglich ist.

Was man beim Busfahren beachten sollte: Das Geld muss passend in Münzen vorliegen, es wird dann in den Trichter beim Busfahrer geworfen. Wechselgeld gibt es nicht, also falls zu viel Geld eingeworfen wurde, hat man Pech gehabt. Außerdem muss dem Busfahrer gesagt werden, was für ein Ticket benötigt wird und nicht was das Ziel ist, es ist also klug, sich schon vorher zu informieren. Anders als in Deutschland gibt es auch an den Haltestellen keine Schilder mit Abfahrtszeiten und man muss dem herannahenden Busfahrer per Handzeichen signalisieren, dass man einsteigen möchte, sonst fährt er nämlich einfach an einem vorbei. Ein

Tagesticket für den Bus, das sogenannte *Rambler Ticket*, kostet 6,50€, um einen Anhaltspunkt zu haben, wie viel es maximal kosten kann. Gelegentlich kommt es übrigens vor, dass die Busfahrer singen oder auch herzlich fluchen, ich finde beides sehr unterhaltsam. Neben den Busverbindungen gibt es noch die *DART*, die ähnlich wie die deutsche S-Bahn funktioniert und auch relativ gut ausgebaut ist.

Was ich durch meine Erfahrungen definitiv auch empfehlen kann, ist die *Leap Visitor Card*. Mit dieser ist es möglich, unbegrenzt viele Fahrten mit allen öffentlichen Verkehrsmitteln nutzen zu dürfen. Dabei besteht eine Auswahl von einem bis zu sieben Tagen Nutzung, die preisliche Spanne beträgt dabei 10€-40€. Außerdem kann sie für maximal fünf weitere Tage zusätzlich aufgeladen werden. Erwerbbar ist sie an verschiedenen Stellen, zum Beispiel am Flughafen und in der Innenstadt bei den Touristeninformationspunkten. Die Anwendung funktioniert folgendermaßen: Beim Busfahren muss die Karte an das Kartenlesegerät gehalten werden, bei der Bahn muss sie sowohl am Eingang, als auch wieder am Ausgang, an den vorhergesehenen Stellen vorgehalten werden, damit der richtige Betrag abgebucht wird. Was außerdem ein guter Tipp sein kann ist, dass wenn man mal vergessen hat, die Karte vorzuhalten und dann kontrolliert wird, die Kontrolleure einfach den Maximalbetrag für eine Strecke (4,69€) von der Karte abziehen.

OHNE GUTE NACHT KEIN GUTER TAG

Die Wahl der Unterkunft ist oft mit am schwierigsten, da sie essentiell für einen gelungenen Urlaub ist. Hierbei kommt es natürlich sehr auf die eigenen Vorlieben und Wünsche an, aber natürlich auch auf das Geld, was einem zur Verfügung steht. Vor allem Hotels sind wirklich teuer in Dublin, eine Nacht kostet meistens mindestens 100€. Bei Hotels habe ich zugegebenermaßen nicht so viel Erfahrung sammeln können, allerdings habe ich mich bei meinem Aufenthalt mit einem deutschen Pärchen unterhalten, die mir ein bisschen davon erzählt haben. Teure, edle Hotels gibt es auf jeden Fall eine Menge, ganz besonders gelobt wurde aber vor allem das *Clontarf Castle Hotel*. Es handelt sich hierbei um ein Schloss-Hotel, das schon von außen sehr luxuriös und prächtig wirkt. Die Fassade besteht aus alten Schlossmauern, die aber so renoviert wurden, dass es zugleich altertümlich und doch modern wirkt. Und auch innendrin wurde dieses Konzept umgesetzt, die Zimmer sind sehr groß und haben alles, was ein moderner Mensch so benötigt, trotzdem sind sie auch altertümlich gestaltet. Es fiel öfters der Satz „das ist perfekt, um sich mal wie ein König zu fühlen". Restaurant und die Lage sollen ebenfalls sehr gut sein. Natürlich ist der Preis dementsprechend auch ziemlich hoch. Je nachdem was und wann gebucht wird, kostet ein Zimmer pro Nacht circa 120-240€.

Etwas günstiger, aber auch total schön und vor allem gemütlich, sei das Hotel *Ariel House*. Es liegt zwar etwas abgelegener, aber die rote Backsteinfassade mit dem davorliegenden schönen Garten sieht direkt sehr einladend aus. Das Personal ist hilfsbereit und freundlich und die Zimmer gemütlich und ruhig. Vor allem die Betten sollen sehr bequem sein, sodass man am nächsten Morgen richtig ausgeruht aufwacht und dann ein tolles, großes Frühstück bekommt, das einen zusätzlich für den Tag stärkt. Die Kosten belaufen sich auf circa 90€ pro Nacht.

Nun noch ein Tipp für ein günstiges Hotel, für die, die zwar ein bisschen Komfort, aber keine hohen Preise möchten, ist das *Drury Court Hotel*. Ein relativ einfach gehaltenes Hotel, aber trotzdem nett und vor allem saubere und gut ausgestattete Zimmer, sowie leckeres Essen. Das Beste allerdings ist die Lage, denn von dem Hotel aus sind viele Sehenswürdigkeiten, wie zum Beispiel das *Trinity College*, zu Fuß erreichbar. Die Zimmer kosten knappe 70€ pro Nacht, was für Dublin und für das, was das Hotel vorweist, wirklich günstig ist.

Ist einem das immer noch zu viel Geld, würde ich raten, eher nicht auf günstigere Hotels zurückgreifen, da diese meist einen triftigen Grund für den niedrigen Preis haben, sondern auf B&B's oder andere Alternativen, die ich jetzt kurz vorstellen werde. Ich persönlich nutze am liebsten B&B's, also sogenannte Bed and Breakfast Unterkünfte. Diese sind meistens relativ klein und sehr familiär, die netten Besitzer*innen stellen sich eigentlich immer persönlich vor und es gibt tolles, hausgemachtes Frühstück. Besonders empfehlen kann ich das *Almanii Bed and Breakfast*, die Inhaberin Mary ist super herzlich und hilfsbereit und macht ein köstliches

Frühstück, nach dem ich total fit in meine Erkundungstoren gestartet bin. Auch die Zimmer sind liebevoll und zum Wohlfühlen eingerichtet.

Aber auch das *Applewood B&B* ist eine sehr gute Unterkunft, ebenfalls klein und sehr gemütlich, mit einer lieben Gastgeberin namens Ann. Außerdem ist die Übernachtung dort echt preiswert mit knappen 40€ pro Nacht und Frühstück inbegriffen. Auch die Anbindung an die Innenstadt oder an den Flughafen ist durch die schnelle Busverbindung sehr gut. Eine weitere, zumindest relativ günstige Möglichkeit, ist das in den letzten Jahren bekannt gewordene Modell *Air BnB*. Hier vermieten Privatpersonen ihr Zuhause für kurze Zeiten, wenn sie zum Beispiel gerade unterwegs sind und für den Zeitraum Miete einnehmen wollen. Natürlich gibt es hier sehr große Preisunterschiede, je nachdem, was für eine Unterkunft gewünscht ist. Es ist auf jeden Fall eine gute Möglichkeit, um eine ruhige Unterkunft zu finden, da man quasi kurzzeitig eine eigene Wohnung hat. Bei Interesse lohnt es sich auf jeden Fall, auf der Internetseite mal durchzustöbern.

Eine weitere Idee ist noch *Couchsurfing*. Die Idee dahinter ist, auf der Couch von einer in Dublin lebenden Person zu schlafen und deswegen nichts oder kaum etwas bezahlen zu müssen. Oft sind die Gastgeber*innen sehr lieb und helfen einem sogar, sich in der Stadt zurechtzufinden oder geben wertvolle Insidertipps weiter. Manchmal entstehen daraus sogar tolle Freundschaften. Nur Privatsphäre ist natürlich hier eher weniger vorhanden. Günstiger und näher an den Einheimischen ist aber definitiv sonst nicht mehr möglich.

- Clontarf Castle Hotel: Castle Ave, Clontarf East, Dublin 3, D03
- Ariel House: 50-54 Lansdowne Road Ballsbridge, Dublin 4 Irland
- Drury Court Hotel: 28-30 Stephen Street Lower, Dublin 2
- Almanii B&B: 217 Swords Rd, Whitehall, Dublin
- Applewood B&B: 144 Upper Drumcondra Rd, Dublin 9

VERRÜCKT SEIN MACHT SPAß

Ich weiß nicht, wie es Ihnen geht, aber manchmal möchte ich einfach etwas richtig Außergewöhnliches oder Verrücktes unternehmen, an das ich mich Jahre später noch gut erinnere und das sich als Anekdote gut weitererzählen lässt. Dublin ist genau die richtige Adresse dafür, da verrückt sein für die Ir(r)*innen einfach dazu gehört.

Wer auf Grusel und Spaß steht, kann in Dublin coole Touren unternehmen. Es gibt verschiedene zur Auswahl, aber ich würde besonders die *Dublin Ghost Bustour* empfehlen. Die zweistündige Fahrt beinhaltet verschiedene Orte, wie beispielsweise Friedhöfe, und dazu passende Geschichten, die sehr lebendig von dem Guide vorgetragen werden. Es findet sogar ein Crashkurs in Grabräuberei statt und es gibt viel zu Lachen. Für richtige Horrorfans vielleicht nicht unbedingt das Richtige, aber für Fans von leichterer Kost auf jeden Fall geeignet.

Wie schon anfangs erwähnt, war Irland das erste Land, das Homosexuelle gleichgestellt hat. Passend zu diesem Thema gibt es in Dublin die *Gaily Tour*, eine circa dreistündige Tour über die LGBTQ-Entwicklung in Dublin. Dabei darf natürlich auch nicht der homosexuelle Schriftsteller Oscar Wilde fehlen, deswegen besucht man unter anderem das Trinity College. Aber es stehen auch einige schwule und lesbische Bars auf dem Plan.

Wer einmal richtig irischen Humor erleben möchte, wird auf die Geschichte von *Pater Pat Noise* stoßen. Es gibt eine kleine, in den Boden eingelassene Plakette auf der *O'Connell Bridge*, die als Denkmal für Father Pat Noise gilt, der unter mysteriösen Umständen an dieser Stelle mit einer Kutsche von der Brücke gestürzt ist und in der Liffey verschollen ist. Tatsache ist jedoch, dass es keinerlei Aufzeichnungen darüber gibt, dass es jemals den Pater gegeben hat. Betrachtet man nun die Plakette genauer, ist als Stifter The HSTI angegeben. Und wer ist das? Nun, es handelt sich hierbei um ein Anagramm, das für *The SHIT* steht. Shit deshalb, weil viele Bürger*innen verärgert darüber waren, dass die Stadt eine Menge Geld für unnötige Denkmäler während der Boomer Jahre verschwendet hat. Das passte der Stadtverwaltung natürlich nicht und eigentlich sollte die Plakette entfernt werden, aber die Bürger*innen sorgten dafür, dass die Geschichte um den verschollenen Pater aufrecht erhalten blieb und so schließlich auch die Plakette bleiben durfte. Ein feines Stück irischen Humors, dass die Einwohner immer noch sehr gerne erzählen.

Wer es gern etwas makaber mag, kann sich in der *Christ Church Cathedral* eine mumifizierte Katze, die eine ebenfalls mumifizierte Maus jagt, ansehen. Grund dafür ist, dass die beiden in den 1860ern hinter der Orgel gefunden wurden, weil sie scheinbar bei der Jagd dort stecken geblieben sind. Durch die trockene Luft waren die beiden konserviert, als sie gefunden wurden. Ein ganz anderes, interessantes Erlebnis sind Escape Rooms. Diese sind ja auch bei uns in Deutschland ziemlich bekannt und erfreuen sich großer Beliebtheit, doch Dublin hat eine ganz besondere Form davon zu bieten, mit dem Namen *Future Shock*. In dieser Anlage ist es nämlich möglich, die Escape Room Erfahrung mit VR, also Virtual Reality, zu verbinden. Das heißt, es werden zusammen in einer Gruppe die großen VR-Brillen aufgesetzt und schon tauchen alle in eine andere Welt ein, in der jede*r der Spieler*innen eine antike Figur übernimmt. Innerhalb dieser virtuellen Welt erlebt die Gruppe dann ein Abenteuer und muss einen Ausweg aus der brenzligen Situation der Geschichte finden, indem im Teamwork Aufgaben gelöst werden. Es ist eine total verrückte Erfahrung, da es wirklich wie eine vollkommen andere Welt ist und man trotzdem genauso wie in der Realität miteinander interagieren kann. Ich fand es extrem faszinierend, was heutzutage mit der Technik möglich ist. Andere Optionen, die bei *Future Shock* noch vorhanden sind, sind VR Arcade, also kürzere Spiele in denen meist gekämpft wird, Simulatoren, bei denen zum Beispiel in einem nachgebauten Rennwagen Rennen gefahren werden und E-Sports, also einfach ein Raum, in dem man mit seinen Freunden bekannte Spiele zusammen an mehreren PCs spielen kann. Die Preise sind zwar etwas höher, aber noch in Ordnung, so kostet zum Beispiel der VR Escape Room pro Person 35€.

Ein besonderes Erlebnis ist es auch, original irische Tänze zu erleben und sogar mitzutanzen. Der *The Celt Pub* bietet Folklore und eine Tanzfläche und nach ein paar Pints sammeln sich dort einige Leute. Es ist auch überhaupt nicht schlimm, noch keine Tanzschritte zu beherrschen, die Leute dort sind immer sehr bereitwillig, sie einem beizubringen. Zu guter Letzt bleibt nur noch zu sagen, dass verrückte

Aktivitäten oft auch ganz unverhofft kommen. So waren die Nächte, in denen ich mit Einheimischen feiern war, immer sehr lustig und auf jeden Fall verrückt. Es lohnt sich also auch wirklich, einfach abends rauszugehen ohne einen direkten Plan zu haben, meistens ergibt sich das dann ganz von selbst.

- Dublin Ghost Bustour: Dublin Bus Head Office 59 Upper, O'Connell Street Upper, Dublin 1
- Gaily Tour: 31 Townsend St, Dublin
- Christ Church Cathedral: Christchurch Pl, Wood Quay, Dublin 8
- Future Shock: Unit 3, Arena Centre, Tallaght, Dublin
- The Celt: 81 Talbot St, North City, Dublin, D01

LITERATUR UND KUNST FÜR DIE SINNE

Da Dublin UNESCO Literaturstadt ist, lässt sich hier logischerweise so einiges über Literatur lernen. Aus Dublin stammen schließlich einige bekannte Autor*innen. Aber auch im Bereich der Kunst gibt es einiges zu entdecken. Der *Dublin Literary Pub Crawl* bietet sich sehr gut an, um in die Literaturgeschichte mit Spaß einzusteigen. Hierbei handelt es sich um eine Gruppen-Kneipentour, in der mehrere Pubs mit literarischem Bezug besucht werden und so gleichzeitig eine leckere Verkostung und Informationen zu bedeutender irischer Literatur erfolgt, lebendig gestaltet durch Schauspielerei und Anekdoten der Guides. Abgerundet wird das Ganze mit einem Pub Quiz, wo das vorher angeeignete Wissen direkt nochmal angewendet und so auch gefestigt werden kann. Zusätzlich ist es natürlich auch sehr schön, mit den ganzen netten, neu kennengelernten Leuten, den Abend schön ausklingen zu lassen. Die Pub Tour ist deswegen auf jeden Fall auch sehr gut geeignet, um Kontakte zu knüpfen! Ich hätte vorher nicht vermutet, dass Bier trinken und etwas über Literatur lernen so gut zusammenpasst, aber Dublin hat mich mal wieder eines Besseren belehrt. Die Tour kostet für zwei Stunden circa 15€, was für den Spaß, den man dort hat, mehr als angemessen ist. Startpunkt ist beim *The Duke Pub, 9 Duke Street, Dublin 2* (Off Grafton St.), die Treppen hoch.

Entweder durch die Pub Tour, oder auch durch Vorwissen und andere Informationsquellen, erfährt man relativ schnell, wie wichtig der Autor James Joyce für Dublin ist. Besonders sein Buch *Ulysses* ist weltbekannt und die Dubliners sind mächtig stolz, dass ihre Stadt diesen talentierten Mensch hervorgebracht hat. Dementsprechend wurde das *James Joyce Centre* eingerichtet, ein kleines Besucherzentrum, dass sich ganz dem berühmten Autor widmet. Man lernt so einiges über sein Leben und natürlich besonders über die Literatur bzw. seinen Einfluss auf diese im Allgemeinen. Außerdem ist das Herrenhaus, in dem sich das Zentrum befindet, sehr schön anzusehen.

Wer besonders Fan des Buches *Ulysses* ist, dem empfehle ich einen Besuch in *Sweny's Pharmacy*, ein kleiner Laden, der mal eine Drogerie war, aber mittlerweile nur noch auf den Autor und alle möglichen dazu passenden Artikel ausgelegt ist. In dem Buch besucht der Protagonist genau diesen Laden und holt kauft sich eine Zitronenseife. Diese Seife ist auch heute noch dort zu erwerben und sie ist wahrscheinlich das mit am meisten gekaufte Souvenir des Ladens. Es gibt auch regelmäßig Lesungen in verschiedenen Sprachen und der Verkäufer PJ in seinem weißen Kittel wirkt wie ein verrückter Professor, der den ganzen Laden noch viel lebendiger und interessanter macht.

Wenn man sich schon relativ gut in der Literatur auskennt und den Austausch mit anderen sucht, bietet das *Museum of Literature* eine gern genutzte Möglichkeit dazu. Das Museum selbst hat nicht allzu viele Informationen, aber die Leute, die dort hingehen, unterhalten sich gerne rege über alle möglichen Aspekte des Bereiches. Je nachdem, wann der Urlaub in Dublin geplant ist, gibt es auch tolle literarische Festivals. Zum Beispiel das *International Literature Festival Dublin*, das ich ja bereits in dem Abschnitt Feierkultur genannt habe. Oder das Dublin Book Festival im November, bei dem man in Kontakt mit den Autor*innen bekannter irischer Bücher treten und Lesungen und ähnliches besuchen kann.

Für die Freund*innen der Kunst lohnt sich zum einen die *National Gallery of Ireland*, die irische und europäische Kunst beherbergt. Das palastähnliche Gebäude im Renaissance Stil stellt ungefähr 15.000 Kunstwerke zur Schau, darunter sogar namenhafte Künstler wie Goya oder Picasso, aber auch irische Künstler wie Maclise. Wer eher Interesse an moderner Kunst hat, kommt im *IMMA*, dem *Irish Museum of*

Modern Art, voll auf seine Kosten. Von Installationen, über Gemälde, Fotografien bis hin zu Skulpturen lässt sich dort alles finden, was mit der Neuzeit in Verbindung steht. Bekannte irische Künstler*innen wie Louis le Brocqui oder Dorothy Cross sind hier vertreten, es gibt aber auch internationale Werke und es kommen auch regelmäßig neue Werke dazu. Die Räume sind hell, schlicht und groß, sodass der Fokus direkt auf der Kunst liegt.

Eine nochmal ganz andere Art Kunst zu erfahren, bieten der *Icon Walk* und die *Icon Factory*, was mir persönlich am besten gefallen hat. Der *Walk* führt durch ein paar kleine Seitenstraßen und zeigt im Stil der Straßenkunst wichtige Persönlichkeiten Dublins mit passender Geschichte. Die Kunstwerke sind bunt und sehr schön ausgearbeitet, meistens handelt es sich um Graffiti, aber es kommen auch Mosaik und andere Kunstarten vor. Der Laden selbst bietet Kunst und Souvenirs der Einheimischen an. Wenn man also ein Mitbringsel sucht, dass keine Massenware ist, ist man hier genau richtig. Ich finde außerdem den Aspekt toll, dass man so wirklich die Kultur und die Einheimischen unterstützen kann.

Ein anderer kleiner, aber feiner Ort für irische

Kultur der Neuzeit, ist das *Little Museum of Dublin*. Auch wenn es klein ist, ist es trotzdem vollgepackt mit interessanten Informationen über die Geschichte Dublins von 1900 bis heute. Gerade wenn man schon sehr viel über die Entstehung gelernt hat, ist es erfrischend, auch etwas über aktuellere Ereignisse zu lernen. Außerdem ist das Museum ein Muss für jeden Fan der Band U2, denen hier ordentlich Platz gewidmet wurde. Der für mich am interessantesten Fakt war aber, dass Che Guevara, der berühmte Freiheitskämpfer, tatsächlich aus Irland stammte. Ein großer Pluspunkt sind auf jeden Fall auch die tollen Guides, die voller Freude und Motivation die verschiedenen Geschichten näherbringen und total nett sind. Ich persönlich hatte eine Tour bei Amy, aber die anderen sollen auch alle super sein.

Zu guter Letzt möchte ich noch einen Tipp im Bereich der Schauspielkunst weitergeben. Diese gibt es im *The Abbey Theatre*, dem irischen Nationaltheater. 1904 gegründet, spielte und spielt es noch immer eine wichtige Rolle für die Kunst, Literatur und die sozialen Zustände der irischen Nation. In einer kunstvollen Form werden verschiedene, teilweise sehr dramatische, Thematiken behandelt. Es gibt natürlich eine Menge irischer Stücke, aber auch internationale. Und das tolle ist, dass es wirklich sehr gekonnt vorgespielt und trotzdem preislich günstig gehalten ist, weil es für den Großteil der Menschen erschwinglich sein soll. Ein Ticket kostet meistens um die 10€, in Deutschland wäre das vermutlich mindestens vier Mal so teuer.

- James Joyce Centre: 35 N Great George's St, Rotunda, Dublin
- Sweny's Pharmacy: 1 Lincoln Pl, Dublin 2, D02
- Museum of Literature: UCD Naughton Joyce Centre, 86 St Stephen's Green, Saint Kevin's, Dublin, D02
- National Gallery of Ireland: Merrion Square W, Dublin 2
- IMMA: Royal Hospital Kilmainham, Dublin 8
- Icon Factory: 3 Aston Place Temple Bar, Dublin 2 Irland
- Little Museum of Dublin: 15 St. Stephen's Green, Dublin
- The Abbey Theatre: 26/27 Abbey Street Lower, North City, Dublin 1, D01

Auf ein letztes Wort

Ich hoffe, ich konnte Ihnen einen kleinen Einblick in das bezaubernde Dublin ermöglichen und habe Ihre Reiselust geweckt. Egal welche Prioritäten und Ansprüche Sie an einen Urlaub in der Stadt haben, Dublin wird fast allem gerecht. Es ist die bunte Vielfalt und die besondere Herzlichkeit der dort lebenden Menschen, in die man sich, ehe man sich versieht, verliebt. Ich war schon in einigen Städten unterwegs, die alle auf ihre Weise schön waren, aber keine hat mein Herz so berührt, wie Dublin es tat. Überzeugen Sie sich selbst und gehen Sie auf Entdeckungstour, ein paar hilfreiche Tipps für Sie habe ich ja hoffentlich in diesem Buch bereitgestellt (es gibt aber natürlich noch viel mehr zu sehen). Ich war bereits drei Mal dort und trotzdem entdecke ich immer wieder neue Facetten und lerne neue, wundervolle Menschen kennen. Ich vermisse manchmal hier in Deutschland diese Offenheit und Gemeinschaft, die dort herrscht. Es ist egal woher man kommt, wenn man gerne lacht und vielleicht ein Bierchen oder etwas anderes mittrinkt, ist man sofort in die Mitte der Ir*innen aufgenommen. Aber auch das Wandern in der atemberaubenden Natur mit ihren satten Farben gibt einem einfach ein Gefühl von Unbeschwertheit und das ist etwas, was ich mir von einem Urlaub erhoffe. Kennen Sie zufällig die *Kerrygold Butter* Werbung? Die grünen Wiesen und die schöne Landschaft aus der Werbung sehen tatsächlich auch in der Realität so aus, wenn nicht sogar noch besser!

Zusammenfassend bleibt nur zu sagen: Es gibt so viel zu lernen in und über Dublin, es ist möglich, neue Kraft zu tanken, zu feiern, lecker zu essen und einfach das Leben zu genießen. Und ja, mir ist bewusst, dass sich das alles vielleicht ein bisschen wie eine übertriebene Lobeshymne anhört, aber ich kann einfach nicht anders, als so von dieser Stadt zu schwärmen. Und wer mir das auch bis jetzt noch nicht so richtig glauben mag, dem kann ich nur sagen: Überzeugen Sie sich selbst. Dublin wartet nur darauf, von Ihnen entdeckt zu werden und Ihnen seine Schönheit und seinen Zauber zu präsentieren.

Herstellung und Verlag:
BoD – Books on Demand, Norderstedt
ISBN: 9783751972079

1. Auflage
Kontakt: Psiana eCom UG/ Berumer Str. 44/ 26844 Jemgum
Covergestaltung: Fenna Larsson
Coverfoto: depositphotos.com